Cumpleaños chinos muy especiales

por Jessica Quilty
ilustrado por Nicole Wong

Scott Foresman
is an imprint of

PEARSON

Glenview, Illinois • Boston, Massachusetts • Chandler, Arizona
Upper Saddle River, New Jersey

Illustrations by Nicole Wong

ISBN 13: 978-0-328-53464-7
ISBN 10:   0-328-53464-1

2 3 4 5 6 7 8 9 10 V0N4 13 12 11 10

Los cumpleaños son especiales

¿Cómo celebras tu cumpleaños? ¿Haces una fiesta y soplas las velitas del pastel? ¿Recibes tarjetas y regalos de tu familia y amigos?

En diferentes partes del mundo, la gente celebra su cumpleaños de distintas maneras. En China, algunos celebran sus cumpleaños con tradiciones especiales.

La bienvenida a un nuevo bebé

Los chinos le dan la bienvenida a un nuevo bebé con varias fiestas. Los familiares y amigos traen regalos. A veces regalan cosas de comer para toda la familia.

También le traen al bebé ropa y juguetes decorados con tigres. En China creen que los tigres protegen al bebé.

Cuando el bebé cumple un mes, los papás hacen la Fiesta del Huevo Rojo. Tías, tíos, primos, vecinos y amigos vienen todos a la fiesta.

Entonces es cuando los papás anuncian el nombre del bebé. También regalan huevos pintados de rojo a cada invitado. El rojo significa felicidad. Los huevos significan nueva vida.

La mamá del bebé recibe los regalos de los familiares y de los amigos. Algunos invitados le regalan al bebé algo de comer. Los abuelos le regalan piezas de joyería hechas de plata o de oro.

Otros invitados le regalan al bebé dinero envuelto en papel rojo. El papel rojo es símbolo de buena suerte. Los padres pueden guardar el dinero en una alcancía o en el banco para cuando crezca el bebé. En la noche hay una gran cena para todos los invitados.

El primer cumpleaños

Cuando el bebé cumple un año se celebra con otra tradición. La mamá o el papá sostiene al bebé. La familia le regala al bebé una canasta llena de diferentes objetos y juguetes.

Puede haber muchas sorpresas: una muñeca, un camioncito, una cuchara o un lápiz. Todos observan a ver qué objeto el bebé toca primero. Las familias chinas creen que el objeto que toque primero demuestra cuál será su futuro trabajo. ¿Te parece una costumbre chistosa? ¿Qué objeto crees que tú habrías escogido?

El cumpleaños de los niños

A veces, los cumpleaños de los niños se celebran con una comida de fideos. Son fideos muy largos. Los fideos largos y enteros representan una vida larga y feliz.

La familia y los amigos son invitados a compartir la comida para celebrar el cumpleaños. Le desean al niño o niña una vida larga. Algunos invitados le regalan dinero envuelto en papel rojo.

Cuando se cumplen sesenta

Otro cumpleaños especial en China es cuando la persona cumple sesenta años. Todos comparten huevos, fideos y dulce de durazno. Los duraznos son otro símbolo de larga vida.

Los cumpleaños más importantes para los chinos son cuando un bebé cumple un mes y cuando una persona cumple sesenta años. ¿Cuál de estos cumpleaños sería tu favorito?